www.ingramcontent.com/pod-product-compliance
Lightning Source LLC
Chambersburg PA
CBHW071456150726
48000CB00006B/2591

تريندز للبحوث والاستشارات
TRENDS RESEARCH & ADVISORY

الإسلامويات التطبيقية: نحو مرجعية معرفية عربية لدراسة ظاهرة الإسلام السياسي

الدكتور وائل صالح

اتجاهات حول الإسلام السياسي (5)

سبتمبر 2021

نبذة عن

مركز تريندز للبحوث والاستشارات

يُعد مركز «تريندز للبحوث والاستشارات» مؤسسة بحثية مستقلة، تأسس عام 2014، ويهتم باستشراف المستقبل في جوانبه الاستراتيجية والسياسية والاقتصادية، وتتبع القضايا العالمية المختلفة. كما يهدف المركز إلى تحليل الفرص والتحديات على مختلف الصُّعُد الجيوسياسية الراهنة، وما تحمله من متغيرات محتملة، مع محاولة إيجاد إجابات وتفسيرات علمية وموضوعية من شأنها المساهمة في التأثير في اتجاهات الأحداث مع مراعاة نواحي التحليل والنقد والاستشراف.

ويقدّم المركز، من أجل تحقيق غاياته العلمية، دراسات رصينة ذات أبعاد استشرافية مستقبلية، ويطرح أفضل البدائل الممكنة لمساعدة صنّاع القرار في معرفة التطورات الإقليمية والدولية بشكل أعمق، والاستفادة مما توفره من فرص. كما يقوم المركز برصد الاتجاهات والتغييرات الاستراتيجية والاقتصادية والإقليمية والدولية، والتنبؤ بآثارها المستقبلية، وذلك وفق الضوابط العلمية المتعارف عليها دولياً لدى أعرق مراكز التفكير والبحث العلمي.

قائمة المحتويات

الملخص التنفيذي

تهدفُ هـذه الدراسـة إلى وضع مبادئ لمقاربـة تؤسس لمرجعيـة معرفيـة عربيـة في دراسـة ظاهـرة الإسـلام السياسي ولتحديد بعض المحاور الجديدة في البحـث فيهـا، وهـو عمل لا ينتهـي بكتابة هذه الدراسـة بـل يبـدأ، وهـو عمل مبنـي عـلى نـوع مـن الحـوار المعـرفي المفتـوح بشكل دائـم لتجويد تلـك المقاربـة قـدر الإمـكان وجعلهـا قـادرة عـلى مواكبـة تطـورات الإسـلاموية وعـدم التوقـف عن سـبر أغـوارهـا مـن خـلال مـا يكشـف عنهـا ومـن خـلال مـا تمدنـا بـه مناهـج البحـث العلمـي بـكل جديـد.

في هـذا الإطـار تفصّـل هـذه الدراسـة تلـك المرجعيـة المعرفيـة العربيـة المقترحـة لدراسـة ظاهـرة الإسـلام السياسي، وذلـك مـن خـلال عـرض وشرح مبادئهـا المؤسسـة التاليـة: التفريـق مـن البدايـة بـين الإسـلام والإسـلاموية؛ وتبنـي منهـج نقـدي ومدخـل وثائقـي يرتكـز عـلى وثائـق جديـدة؛ وتبنـي مدخل يتعـدى حدود التخصصـات؛ وتبنـي مقاربـة تطبيقيـة تعتمـد عـلى إسـلاميات محمـد أركـون التطبيقيـة وتطورهـا؛ وتبنـي مقاربـة لا تتجاهـل النصوص المؤسسـة في تحليـل الظاهـرة الإسـلاموية؛ وتبنـي مدخل نقـدي للأفكـار المتعاطفـة مـع الإسـلاموية في الأكاديميـا العالميـة؛ وتبنـي مدخل مقـارني تأريخـي للأفكـار؛ وتبنـي مدخـل مـا بعـد كولونيـالي يتفـادى انحرافاتهـا تجـاه ظاهـرة الإسـلاموية؛ وأخـيراً تبنـي مقاربـة ذات نزعـة تفكيريـة/انعكاسـية reflexive approach.

كـما تطـرح هـذه الدراسـة المحـاور المقـترحـة لفهـم ظاهـرة الإسـلام السـياسي مـن جميـع جوانبهـا، وهـي كالتـالي: محـور الإسـلام والإسـلاموية؛ ومحـور الإسـلام السـياسي بـين السـلطة والمعارضـة؛ ومحـور الخطـاب الإسـلاموي والحداثـة وقيـم العيـش المشـترك؛ ومحـور خطابـات وممارسـات الإسـلامويين مـن منظـور مقـارن؛ ومحـور الإسـلاموية في العلاقـات الدوليـة؛ ومحـور الإسـلاموية والقضايـا الأمنيـة؛ ومحـور الإسـلاموية والاقتصـاد؛ ومحـور الإسـلاموية والعنـف؛ ومحـور الإسـلاموية ومفهـوم الآخـر؛ وأخـيراً محـور مسـتقبل الإسـلاموية.

وأخـيراً لا تهـدف «الإسـلامويات التطبيقيـة» إلى قمع المقاربـات الأخـرى في دراسـة ظاهـرة الإسـلاموية ولا تسـتطيع ذلـك، لكنهـا تقـترح فقـط موقفـاً نقديـاً وتعدديـاً في تحليـل ظاهـرة الإسـلاموية؛ لتجنب ما

نسـميه «الإمبرياليـة العلميـة» (اعتبـار أن هنـاك تفسـيراً واحـداً فقـط، وأن جميـع التفسـيرات الأخـرى خاطئـة) مـن جانـب، ولتجنـب النسـبية العدميـة (عـدم الوقـوع في نـوع مـن المسـالمة الراديكاليـة القائمـة عـلى فكـرة النسـبية العدميـة؛ بمعنـى المسـاواة بـين التفسـيرات بغض النظـر عن مـدى جديتها) مـن جانـب آخـر.

مقدمة

بـادئ ذي بـدء، نعتقـد في تلـك الدراسـة أنـه عـلى الرغـم مـن أن الإسـلامويّة قـد أسـالت مـن الحـبر الكثير فإنها لم تُدرَس بعد بشكل كافٍ لسـبر غورهـا وتفكيـك الأفكـار النمطيـة حولها وحسـم الجدل بشـأنها، بوصفها ظاهـرة ممتـدة منـذ مـا يقـارب القـرن في العـالم العـربي والإسـلامي. مـن جانـب آخـر، تُبـيّن لنـا الأدبيـات الحاليـة، وخصوصاً في الأكاديميـات الغربيـة، أنـه بالنسـبة لجماعـة الإخوان المسـلمين، التـي هـي الجماعـة الأم للإسـلاموية، فـإن هنـاك اعتقـاداً لـدى غالبيـة الباحثـين الغربيـين أنهـا الأكـثر اعتـدالاً، مقارنـة بغيرهـا مـن الجماعـات الإسـلاموية الأكـثر عنفا[1].

لكـن، بـرغم ذلـك فـإن هـذا التقييـم لا يوجد إجـماع عليه بـين الباحثـين، ولاسـيما الغربيـين منهـم[2]، كـما لا يوجـد إجـماع عـلى قـدرة هـذه الحركـة عـلى التكيـف مـع الحداثـة الاجتماعيـة والسياسـية، إذ يعتقـد بعـض الباحثـين أن الإسـلامويّة (عـادة مـا يقصد بالإسـلامويّة حركات التغيـير السياسـية التـي ترتكـز عـلى الإسـلام، باعتبـاره «نظامـاً سياسـياً للحكـم»، حيـث يجعـل أعضـاء هـذه الحـركات الوصـول إلى السـلطة السياسـية الهـدف الـذي يتفـوق عـلى مـا عـداه مـن رقائـق روحيـة وعبـادات وأوجـه أخـرى للديـن) وعـلى رأسـها جماعـة الإخـوان - يعتقـد أنهـا حركـة معاديـة للحداثـة ومتطرفـة بطبيعتهـا[3]. ومعظـم المنتمـين لهـذا التيـار هـم مـن العـرب المتخصصـين في الدراسـات الإسـلاموية، وخصوصـاً مـن خـلال نصوصهـا المؤسِّسـة.

ويصـف آخـرون الإسـلاموية بأنهـا حركـة عـادة مـا تكـون سـلميّة غـير عنيفـة، وأنهـا مرشـحة لتقبّـل الحداثـة حتـى ولـو بمفـردات قـد تبـدو مختلفـة[4]، ومعظـم المنتمـين لهـذا التيـار مـن المتخصصـين في

---

1. وائل صالح، لماذا تتعاطف دوائر عديدة في الأكاديميا الغربية مع الإسلاموية، مؤمنون بلا حدود، 25 نوفمبر 2020، على الرابط: https://bit.ly/33btIJe

2. المصدر نفسه.

3. Abu Zeid (1994), Kepel (1984), Zakariya (1991), Mayer (1991), Lamchichi (1994), Yassyn(1996), Fuller (2004) et Wistrich (2012).

4. Abed-Kotob (1995), Burgat(2002), Musalam (2005), Koehler et Warkotsch (2009), Calvert (2010) et Khan (2011).

العلوم السياسية. في حين تشير فئة ثالثة من الباحثين إلى أن التيارين، الحداثي والمناهض للحداثة، العنفيّ والسلميّ، موجودان ويتصارعان داخل التنظيم الإخواني، وأنه من السابق لأوانه معرفة لمن ستكون الغلبة في نهاية الأمر[5]، ويغلب على هذا التيار الانتماء لعلم الاجتماع والأنثروبولوجيا. وتعتقد فئة رابعة من الباحثين الغربيين، وهم غالباً ممن يعملون أيضاً في مجال علم الاجتماع والأنثروبولوجيا، أن الإسلامويين في طريقهم إلى التحول إلى الحداثة، على الرغم من التحديات الكثيرة التي تنتظرهم، قبل أن يمكن اعتبارهم بشكل نهائي ديمقراطيين عصريين[6].

ومن هنا تأتي أهمية محاولة تأسيس مرجعية معرفية عربية تطبيقية وعابرة لحدود التخصصات لدراسة ظاهرة الإسلام السياسي وفهمها وتبيان خطورتها على المجتمعات التي توجد فيها وتفكيك الأفكار النمطية حولها (بأنها البديل الديمقراطي لبعض الحكومات العربية، على سبيل المثال) وتفنيدها ونقدها؛ وهي ما أسميناها «الإسلامويات التطبيقية»[7] أو "Trends School"[8]. وفي السطور التالية سنعرض ما يمكن أن يكون نواة لمرجعية معرفية عربية في دراسة ظاهرة الإسلام السياسي.

ويسعى مركز تريندز للبحوث والاستشارات، من وراء نشر هذه الدراسة، للمساهمة في تأسيس مرجعية معرفية عربية لدراسة ظاهرة الإسلاموية، وتحديد بعض محاور تطبيقها وكيفية ذلك، ضمن مشروعه المتكامل حول ظاهرة الإسلام السياسي.

---

5. Al-Nafisy (1998), Zollener (2009), Tammam (2010), Besson (2005) et Lynch (2008).

6. Ghalion (1997), Brown, Hamzawy et Ottowy (2006), Ferrié (2008), Feldman (2008), ‘Abd Almagid (2010) et Amghar (2012).

7. تم عرض هذا المدخل لأول مرة في كتاب «الإسلام السياسي في عصر ما بعد الربيع العربي: هل حان موت الإسلاموية؟» والذي ألفه كاتب هذه الدراسة بالتعاون مع البروفيسور باتريس برودور من جامعة مونتريال عام 2017.
Wael Saleh et Patrice Brodeur, L’islam politique à l’ère du post-printemps arabe: Sommes-nous entrés dans l’ère du nécro-islamisme?, Editions L’Harmattan, 2017,

8. حيث قررت إدارة البحث العلمي اعتماد هذه المرجعية المعرفية في تناول ظاهرة الإسلام السياسي مرجعية لها.

1. نحو أسس مرجعية معرفية عربية في دراسة ظاهرة الإسلام السياسي[9]

1.1 مدخل نقدي لظاهرة الإسلاموية

يتـم اختـزال المنهـج «التجريبـي» عنـد فريـق مـن الباحثـين، وخصوصـاً الغربيـين منهـم، إلى نـوع مـن التسـجيل والنسـخ للخطابـات الشـفاهية المعطـاة خـلال المقابـلات مـع القـادة الإسـلامويين، وخصوصـاً الإخـوان منهـم، دونمـا قـراءة مسـبقة أو موازيـة لنصوصهـم التأسيسـية المكتوبـة، والتـي كانـوا يتربـون عليهـا ويحفظونهـا عـن ظهـر قلـب، بـل ويقدسـونها، ودون تحليـل لاحـق شـامل. باختصـار، يكتفـي بعـض الباحثـين بـدور جهـاز تسـجيل أو أن يكـون مجـرد معجـب مغـرم «Fan» بموضـوع دراسـته وشـخوصها ليكـرر مـا يقـال مـن دون إخضاعـه لأدوات جمـع المعلومـات وفهمهـا وتفسـيرها وتحليلهـا ونقدهـا، إذا لـزم الأمـر[10].

ويسـتهدف هـذا المحـور البحثـي، مـن خـلال تحليـل نقـدي للنصـوص والخطابـات التأسيسـية للإسـلاموية وخصوصـاً جماعـة الإخـوان، اختبـار مـا يطلـق عليـه "متلازمـة الإخـوان المسـلمين"[11]؛ أي مجموعـة العلامـات والأعـراض والظواهـر المرتبطـة ببعضهـا، والتـي تُـلازم وتَنتـج عـن أي وجـود لهم في الفضـاء العـام، وتتنـافى مـع القيـم الأساسـية للمواطنـة والعيـش المشـترك؛ ومـن بينهـا:

- احتكارهم الحقيقة والدين.

- عزلة منتسبيهم الشعورية عن المجتمع.

- الاستعلاء بنمط تدينهم على المجتمع.

- غلبة الفكر التعبوي الشعبوي وتجييش الجموع على الفكر المعرفي القائم على عدم نسبية الحقيقة.

---

9. تعتمد هذه الدراسة على سلسلة من المقالات والكتب التي نشرها كاتبها حول الموضوع بشكل متنائر في الفترة ما بين 2016 و2021.

10. وائل صالح، لماذا تتعاطف معها الأكاديميا الغربية؟ عندما يتحول فريق من باحثي الإسلاموية إلى أجهزة تسجيل تعيد ترديد مقولات الإخوان المنمّقة، أصوات أون لاين، 16 يوليو 2020، على الرابط: https://bit.ly/2cbm4J6

11. وائل صالح، لماذا تتعاطف دوائر عديدة في الأكاديميا الغربية مع الإسلاموية؟ هل تتوافق الإسلاموية مع المواطنة والعيش المشترك، مؤمنون بلا حدود، 1 فبراير 2021، على الرابط: https://bit.ly/Muqkrk

- سيادة شعار "أينما تكون مصلحة الجماعة فثم وجه الله" في ممارساتهم السياسية.

- تحول المجتمع لحالة الصراع الدائم، ليصبح مجتمعاً منقسماً على نفسه، وصولاً للحروب الأهلية.

- طغيـان الجوانـب العقائديـة والأصوليـة علـى الاجتماعيـة، وحصـر النقـاش - إن وجـد - علـى القضايـا العقائديـة الخلافيـة القديمـة؛ مـا جعـل المجتمـع رهينـة لفقه العصـور القديمـة والعصور الوسـطى، وذلـك بالانقطـاع عـن حركـة العلـم والفلسفة والتقـدم البـشري.

- سيادة مبـدأ التكفير المبرر للعنف في نهجها السـياسي للوصـول للحكم، مستندة إلى الاعتقاد بكونهـا الفرقـة الناجيـة الحارسـة للديـن.

- غياب مفهوم المواطنة وسيادة فكرة ولاء الفرد للجماعة وامتداداتها العابرة لحدود الدولة الوطنية.

وتستهدف «الإسلامويات التطبيقيـة» أو «Trends School» أيضاً تفكيـك سرديـات الإسلاموية عـن نفسـها ونقدهـا، وكذلـك السرديات المتعاطفـة معهـا بمقاربة نقدية علميـة.

2.1 مدخل وثائقي يرتكز على وثائق جديدة

بـدأ بعـض المؤرخيـن في الكشـف عـن بعـض المصـادر الأوليـة مـن وثائـق جمال البنا (الأخ الأصغـر لمؤسـس جماعـة الإخوان المسـلمين وأول مرشديها) الـذي ألـف موسـوعة في تسـعة أجـزاء مـن وثائـق الإخوان المسـلمين المجهولـة المنشـورة بيـن عامـي 2009 و2010[12]. تلـك الموسـوعة تحتـوي علـى الوثائق الأصليـة لتأسـيس الإخوان، وكذلـك اللوائـح الداخليـة لهيـكل التنظيـم الإداري وتأسـيس الـشركات التجاريـة ومراسـلات البنـا لوالـده والتحقيقـات الداخليـة. . . إلـخ.

يبقـى تحليـل هـذه الوثائـق، علـى مـا يبـدو لنـا، نـادراً ودون تأثير كبير علـى (إعـادة) التفكير في أيديولوجيـة جماعـة الإخوان المسـلمين رغـم مـا تحتويـه مـن معلومـات جديـدة تدحـض كثيـراً مـن الأفـكار النمطيـة عـن «الإخـوان»؛ مـن قبيـل أنهـا أنشـئت كـرد فعـل علـى سـقوط الخلافـة أو علـى الحداثـة الغربيـة.

---

12. نُشرت تلك الموسوعة في دار الفكر الإسلامي، التي أنشأها جمال البنا لنشر كتبه.

3.1 مدخل متعدي حدود التخصصات

يجـب القـول إن الإسـلاموية، مثـل أي ظاهـرة اجتماعيـة ودينيـة أخـرى، معقـدة وتتسـم بالترابـط بـين العنـاصر التـي تكونهـا. وعندمـا تكـون تلـك الظاهـرة موضوعـاً للدراسـة، فـإن ذلـك يتطلـب القضـاء عـلى التبسـيط والسـطحية ليكـون التحليـل أكـثر وضوحـاً وفاعليـة ودقـة، وذلـك مـن خـلال التواصـل بـين المعرفـة والتطبيـق. ولإيجـاد طريقـة لدمـج الهدفـين، يجـب أن يكـون الهـدف هـو تحسـين ظـروف الإنسـان بحـل مشـاكله، وهـو الـذي يوفـره فقـط المدخـل المتعـدد التخصصـات[13]. هـذا المدخـل هـو الوحيـد الـذي يسـمح برؤيـة مـا لا تـراه المداخـل الأخـرى في دراسـتها للإسـلاموية.

حتـى الآن، فـإن الاختـزال / أو التصنيـف التخصصـي للمعرفـة الخاصـة بمجـال دراسـة الإسـلاموية (غالبـاً مـا يقـع بـين الدراسـات الإسـلامية والعلـوم السياسـية) هـو المدخـل السـائد، ويبـدو أن ذلـك كان لـه تأثـير كبـير عـلى تشـظي ظاهـرة الإسـلام السـياسي واختزالهـا؛ مـا أدى إلى إخفـاء جوانـب كثـيرة مـن الظاهـرة ومشـاكلها في بيئـة مـن الأنظمـة التخصصيـة المعقـدة. ولتفـادي ذلـك، يجـب اللجـوء إلى تعدديـة التخصصـات كاسـتراتيجية قـادرة عـلى تجـاوز تلـك العقبـات، مـن خـلال عـدم تقطيـع أواصـل الظاهـرة بـين التخصصـات المختلفـة[14]. ومـن هنـا تـأتي ضرورة المنهـج المتعـدد التخصصـات الـذي يجـب أن يتـم إنجـازه مـن خـلال تفكـير معرفـي ومنهجـي متعـدٌ لحـدود التخصصـات بهـدف إخضـاع ظاهـرة الإسـلاموية للبحـث نظريـاً ومعرفيـاً وتجريبيـاً.

ولقـد أصبـح تعـدد التخصصـات وحـده، بحكـم الواقـع، ضرورة تضمـن حـواراً دائمـاً ومفتوحـاً بـين التخصصـات العلميـة (حيـث يجـب أن يقـدم كل تخصص مسـاهمته في فهـم الظاهرة محـل البحث)[15]،

13. Violaine LEMAY, « Notes de cours », SHA 706 - Intervention: interdisciplinarité pratique, Programme de doctorat en Sciences humaines appliquées, Québec, Université de Montréal, 2011. p. 1-9)

14. J. LEMOIGNE, (2002). « Légitimer les connaissances interdisciplinaires dans nos cultures, nos enseignements et nos pratiques », Ingénierie de l'interdisciplinarité. Un nouvel esprit scientifique, sous la direction de François Kourislsky, Paris, L'Harmattan, p. 30.

15. Wael Saleh et Patrice Brodeur L'islam politique à l'ère du post-printemps arabe: Sommes-nous entrés dans l'ère du nécro-islamisme?, Éditions L'Harmattan, 2017, p. 28.

وذلـك لدراسـة معمّقـة للمشـاكل المتعلقـة بظاهـرة الإسـلاموية؛ مثـل العنـف، وعـدم المسـاواة بـين الجنسـين، وعـدم التوافـق مـع الحداثـة الاجتماعيـة والسياسـية.

ويمكـن تلخيـص مسـاهمات المدخـل المتعـدد التخصصـات لدراسـة ظاهـرة الإسـلاموية في حثـا عـلى اسـتخدام اسـتراتيجيات المعرفـة والتطبيـق العمـلي لهـا، والتخلي عـن المداخـل والأفكار الجاهـزة؛ ليكون لدينـا أكـثر مـن أي وقت مـضى القـدرة عـلى فهـم المشـاكل المرتبطـة بظاهـرة الإسـلام السـياسي وحلهـا، وتطويـر اسـتراتيجيات جديـدة لاستكشـاف معرفـة غـير مسـبوقة ومعمقـة للظاهـرة محـل البحـث[16].

ولكـن، في الحقيقـة، ما هـي المسـاهمات المحتملـة للمدخـل المتعـدد التخصصـات في مجـال دراسـة الإسـلاموية؟

بـادئ ذي بـدء، دعنـا نقـرر أنـه مـن المفارقـة أن معظـم الدراسـات المكرسـة لدراسـة الحـركات الإسـلاموية في العـالم الإسـلامي المعـاصر تميـل إلى تحليـل ظاهـرة أيديولوجيـة قائمـة عـلى شـمولية الدين وتفصيلـه لمـا يتوجـب فعلـه في مختلـف مناحـي الحيـاة دون مراعـاة المدخـل المتعـدد التخصصـات في صميـم نهجهـا لدراسـة ظاهـرة الإسـلاموية. فجميـع الحـركات التي توصـف بأنهـا إسـلاموية تتميـز أولاً بدمجها السـياسي في الدينـي، وأن لديهـا مـا ينظـم الحيـاة قانونيـاً وثقافيـاً واجتماعيـاً واقتصاديـاً، ...إلـخ[17]. ومـن ثم يمكننا القـول بـأن الظاهـرة الإسـلاموية هـي التي تفـرض عـلى نفسـها المدخـل المتعـدد التخصصـات.

ومـما لا شـك فيـه أن ظاهـرة الإسـلام السـياسي لهـا آثـار عـلى كل هـذه المجـالات التي يغطيهـا العديد من التخصصـات في العلـوم الاجتماعيـة والإنسـانية كعلـم الاجتـماع والعلـوم السياسـية والدراسـات الإسـلامية. . . إلـخ. ولكـن بمـا أن مسـتوى تحليـل الظاهـرة المـراد دراسـتها هـو الـذي يحـدد مدخـل دراسـتها ومنهجـه، فنحـن نعتقـد مـن جانبنـا أن المنهـج المتعـدد التخصصـات أمـر ضروري، ليـس فقـط لفهـم ظاهـرة الإسـلام السـياسي بشـكل أفضـل، بـل أيضـاً لطـرح الأسـئلة ذات الصلـة والبحـث عـن حلـول ملموسـة للمشـاكل

---

16. J. LEMOIGNE, (2002). « Légitimer les connaissances interdisciplinaires dans nos cultures, nos enseignements et nos pratiques », Ingénierie de l'interdisciplinarité. Un nouvel esprit scientifique, sous la direction de François Kourislsky, Paris, L'Harmattan, p. 30.

17. Wael Saleh et Patrice Brodeur L'islam politique à l'ère du post-printemps arabe: Sommes-nous entrés dans l'ère du nécro-islamisme ?, Éditions L'Harmattan, 2017, p. 28.

التـي تمنـع الحداثـة الاجتماعيـة والسياسـية للـدول ذات الغالبيـة المسـلمة، وتمنـع في الوقـت نفسـه اندمـاج بعـض المسـلمين مـع محيطهـم في دول المهجـر. في الواقـع، فـإن المعرفـة المجـزأة وفقـاً للتخصصـات تمنـع غالبـاً الربـط بـين الجـزء والـكل، بينمـا يجـب أن يفسـح المجـال لنمـط مـن المعرفـة قـادر عـلى اسـتيعاب موضوعـات متصلـة بالظاهـرة في سـياقاتها، وتعقيداتهـا، وحاصـل مجموعها[18].

ونعتقـد أن «الإسـلامويات التطبيقيـة» يمكـن أن تسـاعد الباحـث في مجـال الإسـلامويات عـلى هـذه المهمـة بافـتراض أن الاكتشـافات والابتـكارات وسـبل التفكير الجديـدة عـادة مـا تكـون مخفيـة في المناطـق البينيـة التـي تقـع عـلى تخـوم التخصصـات.

وللـرد بشـكل مناسـب عـلى الأسـئلة التـي تثيرهـا ظاهـرة الإسـلاموية يجـب أن ترتكـز طريقـة تحليـل تلك الظاهـرة ودراسـتها عـلى منهجيـة عابـرة لحـدود التخصصـات وليـس مـن وجهـة نظـر تخصـص واحـد. هذا هـو السـبب في أن «الإسـلامويات التطبيقيـة» يجـب أن تلجـأ بالإضافـة إلى الدراسـات الإسـلامية، والعلـوم السياسـية، إلى علـم اجتمـاع الإسـلاموية، وعلـم اجتمـاع الحداثـة، وعلـم الاجتمـاع السـياسي للإسـلاموية والأنثروبولوجيـا التاريخيـة وغيرهـا الكثـير، حتـى تتمكـن مـن فهـم ظاهـرة الإسـلاموية المعقـدة وتحليـل علاقتهـا بالحداثـة، وخطاباتهـا وممارسـاتها الدينيـة - السياسـية - الاجتماعيـة. ولكـن، بلا شـك، فإن ممارسـة مدخـل المتعـدد التخصصـات حـول موضـوع الإسـلاموية، مثلهـا مثـل أي ظاهـرة اجتماعيـة أخـرى، سـوف يتعـثر بعـدد مـن العوائـق التـي مـن الـضروري التغلـب عليهـا لإحـراز تقـدم في هـذا المجـال.

4.1 مدخـل تطبيقـي يهـدف إلى خدمـة البشريـة، (يعتمـد عـلى إسـلاميات محمـد أركـون التطبيقيـة ويطورهـا)

يعتمـد هـذا العمـل المعـرفي عـلى الإطـار المفاهيمـي لإسـلاميات محمـد أركـون التطبيقيـة التـي تسـتهدف تطويـر منهـج نقـدي ومتعـدد التخصصـات في دراسـة الفكـر الإسـلامي وإعـادة التفكيـر في المعرفـة العربيـة الإسـلامية ووضـع نهـج يفكـك العقـل الإسـلامي لمنـح أسـس معرفيـة لـروح نقديـة تسـتهدف عبـور التخصصـات وتجـاوز أي تحليـل تبسـيطي سـطحي لا يـؤدي إلا إلى طريـق مسـدود في

---

18. MORIN, E. (2000). « Chapitre 5 : Affronter les incertitudes », Les sept savoirsnécessaires à l'éducation du futur, Paris, Éditions du Seuil, p. 12.

فهــم ظاهــرة الإسلاموية والاســتمرار في تــداول الأفــكار المســبقة والنمطيــة التي كثيراً ما تواجــه الباحث المتخصــص في دراســة الحــركات الإســلامية المعــاصرة.

لكــن مـا الــذي يجعــل «الإسلامويات التطبيقيـة» مختلفـة عــن إسلاميات محمـد أركون التطبيقيـة؟ الجـدول التـالي يحـاول الإجابـة عــن ذلك التسـاؤل.

من الإسلاميات التطبيقية الي الإسلامويات التطبيقية

أوجه المقارنة	إسلاميات محمد أركون التطبيقية (1984, 1992, 1993, 1996, 2002)[19]	الإسلامويات التطبيقية صالح وبوردور 2017[20]
الأهداف ومجال الدراسة	دراسة الإسلام (النص الديني والتاريخ)، يتم التركيز على إعادة تفسير النص باستخدام نهج تاريخي أنثروبولوجي.	دراسـة الإسلامية: الحركات الإسلامية من خلال دراسة الخطـاب، كيفيـة صنـع القـرار، الحوكمـة، اسـتخدامهم للنصـوص الدينيـة؛ يتـم التركيـز على(إعـادة) فهـم الحـركات الإسلامية (الخطـاب، استخدام النص الديني في المناظـرات الاجتماعيـة والسياسـية، والسـلوك على أرض الواقـع، ومـا إلـى ذلك).

19. Mohammed ARKOUN. Pour une critique de la raison islamique, Paris, Maisonneuve & Larose, 1984.

- Mohammed ARKOUN, (1990). Islam, pensée islamique, islamisme, L'orientalisme. Interrogations, peuples méditerranéens, n° 50, janvier-mars.

- Mohammed ARKOUN (1992). L'islam: Approche critique. Paris, J. Grancher, 3e éd.

- Mohammed ARKOUN, (1993). Penser l'islam aujourd'hui. Alger, Laphomic, ENAL.

- Mohammed ARKOUN. (1996), « Transgresser, déplacer, dépasser », Arbica, l›oeuvre de CI. Cahen, Lecture critique, no 1, p. 65-66.

- Mohammed ARKOUN, (2002). L'islam, approches critiques, Coll. « Le Grand livre du mois », Paris, J. Grancher.

20. Wael Saleh et Patrice Brodeur L'islam politique à l'ère du post-printemps arabe: Sommes-nous entrés dans l'ère du nécro-islamisme?, Éditions L›Harmattan, 2017.

الاختيارات المعرفية	- نهج نقدي للنص الديني وتفسيراته من خلال التفريق بين الحقيقة القرآنية والحقيقة الإسلامية. - نهج متعدد التخصصات (دراسة الظاهرة من منطلق التخصص ومن قبل عدة تخصصات أخرى في الوقت نفسه)، خاصة الأنثروبولوجيا واللغويات. - لباحث في الإسلاميات هو باحث-مفكر.	- نهج نقدي لاستخدام الإسلامويين النص الديني ولخطابهم ولممارساتهم والتمييز بين الحقيقة الإسلامية والحقيقة الإسلاموية. - نهج عابر لحدود التخصصات (يجمع معرفة ما وراء التخصصات، يتجاوز تعيين حدود ضيقة بين التخصصات، يرفض تقسيم العالم ومشاكله إلى تخصصات). ويستعان فيه ليس فقط بالعلوم السياسية وعلم الاجتماع والاقتصاد وعلم النفس، ولكن أيضاً بالأنثروبولوجيا واللغويات. - نهج تأملي. - نهج عملي تطبيقي المنحى للإنتاج الأكاديمي. - الباحث في الإسلامويات باحث- مفكر ومتداخل لحل المشاكل المرتبطة بالظاهرة الإسلامية.
الاختيارات المنهجية	تحليل الخطاب التأويلي	- المنهجية المختلطة هي الطريق الأكثر فاعلية. التحليل المختلط للخطاب (كمي-نوعي). - عابرة التخصصات. - مقاربة تأويلية ونقدية وتأملية في الوقت نفسه.
المشروع الفكري	نقد العقل الإسلامي	- نقد العقل الإسلاموي - نقد الخطاب الإسلاموي.

مما سبق يمكننا ملاحظة التالي:

أولاً، موضوع دراسة الإسلام التطبيقي لمحمد أركون هو الإسلام (النص الديني، والتاريخ، والشعوب المسلمة المعاصرة)، ويتم التركيز على إعادة تفسير النص باستخدام نهج تاريخي أنثروبولوجي. بينما موضوع دراسة «الإسلامويات التطبيقية» هو الإسلاموية (الحركات الإسلامية؛ خطابها وآلية اتخاذ القرار لديها، ونظرتها للعالم، واستخدامها النصوص الدينية، ...إلخ). وإذا كانت إسلاميات محمد أركون التطبيقية تركز على (إعادة) فهم الإسلام بمعنى أوسع، فإن تركيز «الإسلامويات التطبيقية» ينصب على الحركات الإسلامية (الخطاب، استخدامهم النص الديني في المناقشات الاجتماعية والسياسية، وسلوكهم على أرض الواقع، وما إلى ذلك).

ثانياً، بينما الاختيارات المعرفية لإسلاميات محمد أركون التطبيقية تعتمد بشكل أساسي على نهج نقدي للنص الديني وتفسيراته عبر التفريق بين الحقيقة القرآنية والحقيقة الإسلامية من خلال نهج متعدد التخصصات (دراسة الظاهرة من منطلق التخصص ومن قبل عدة تخصصات أخرى في الوقت نفسه) خاصة الأنثروبولوجيا واللغويات، فـ«الإسلامويات التطبيقية» تتبنى نهجاً عابراً حدود التخصصات (يجمع معرفة ما وراء التخصصات، ويتجاوز تعيين حدود ضيقة بين التخصصات، ويرفض تقسيم العالم ومشاكله إلى تخصصات)، ويستعان فيه بالعلوم السياسية وعلم الاجتماع وعلم الاقتصاد وعلم النفس خاصة، وكذلك بالأنثروبولوجيا واللغويات.

ويجب أن يكون الباحث في إسلاميات محمد أركون التطبيقية رجل علم وباحثاً ومفكراً يبحث عن التجديد وملتزماً بقضايا الإنسانية، بينما الباحث في «الإسلامويات» هو باحث- مفكر ومتداخل مباشرة في الجدال لحل المشاكل المرتبطة بالظاهرة الإسلاموية.

وتنتهج «الإسلامويات التطبيقية» منهجاً تأملياً-انعكاسياً يحفز الباحث على أن يدرك أن الخطوة الأولى التي يجب أن يتخذها في دراسة الظاهرة الإسلاموية يجب أن تكون دراسته «لذاته البحثية» وعدم إخفاء اختياراته القيمية، وعدم التعتيم على مشروعه أو أهدافه من البحث، وأخيراً، عدم ادعاء احتكار الحقيقة.

ثالثاً، في حين أن التحليل التأويلي للخطاب هو الخيار المنهجي المفضل لإسلاميات محمد أركون التطبيقية، فإن «الإسلامويات التطبيقية» تستخدم منهج التحليل المختلط للخطاب (كمي-نوعي)، وهو في الوقت نفسه تأويلي ونقدي وتأملي-انعكاسي.

رابعاً وأخيراً، يمكننا القول، باختصار مبسط، إن المشروع الفكري لإسلاميات محمد أركون التطبيقية هو نقد العقل الإسلامي بينما مشروع «الإسلامويات التطبيقية» هو نقد العقل الإسلاموي.

5.1 مدخل لا يتجاهل النصوص المؤسسة في تحليل الظاهرة الإسلاموية

يقول قسم وازن من الأدبيات في مجال الإسلاموية وتحت تأثير كل من علم الاجتماع وعلم الأنثروبولوجيا، إن تحليل النصوص التأسيسية لفهم ممارسات ومخيلة الإسلامويين؟ هو اختزال

لواقعهـم، وأنـه يكفـي الاكتفـاء بـما يقولـه الإسلاميون عـن أنفسـهم بخصوص أنهـم ديمقراطيـون، وأن ولاءهـم هـو لدولهـم الوطنيـة عـلى سـبيل المثـال كحقيقـة مسلّم بها. ويعتقد هـؤلاء أن الحـوار المبـاشر في صـورة مقابـلات مـع ممثـلي الإسلامـوية هـو الوحيد القـادر أن يُظهـر مثـلاً أنهـم قابلـون للاندمـاج في الحداثـة وقبـول الديمقراطيـة والدولـة الوطنيـة... إلـخ[21].

بعبارة أوضح، يعتقد هـذا الفريق مـن الباحثين أن الخطـاب الدينـي للإخـوان المسـلمين هـو مجـرد واجهـة بلاغيـة لا تؤثـر عـلى ممارسـاتهم، ويبـدو أنهـم ينكـرون حقيقتـين واضحتـين: الأولى، أن الإخـوان المسـلمين لديهم ثقافة وتراث نـصي يتعارضـان تمامـاً مـع مـا يدّعـون وصفهـم بـه مـن قبـول الحداثـة والديمقراطيـة...إلـخ. ثانيـاً، لم يقـل الإخـوان المسـلمون قـط أن هـذه النصوص لم تعـد تؤثـر عـلى ممارسـاتهم وأهدافهـم الاستراتيجية.

إن مـن يقـول إن تحليـل النصوص التأسيسـية لفهـم ممارسـات ومخيلـة الإسلاميين هـو اختـزال لواقعهـم، لا يسـتخدم نهجـاً تفرضـه الظاهـرة الإسلامـوية وطبيعتهـا عـلى الباحـث، بقدر مـا يعمل عـلى اختـزال تلـك الظاهـرة القائمـة عـلى نصوص مؤسسـة لهـا كرؤية للعـالم في عـدد قليـل مـن المقابـلات [المخطـط لهـا بعنايـة] مـع بعـض قياداتهـا التـي تتعمـد اسـتخدام «خطـاب مصطنع» موجَّـه للغـرب تحديـداً بهـدف كسـب تعاطفه وتأييـده السـياسي.

6.1 مدخل يفرق منذ البداية بين الإسلام والإسلاموية

يبـدو أنـه مـن الـضروري الفصـل بوضـوح بـين الحقلـين الدراسـيين (الإسـلام والإسلامـوية)؛ أولاً، لتجنب كثير مـن الخلـط الـذي ينتج عـن ذلـك، وثانيـاً مـن أجـل فهـم أعمـق وأدق لظاهـرة الإسلامـوية. ومـن هنا تنشـأ فكرة مجـال جديد للدراسـات عابـر لحـدود التخصصـات، ومقاربـة أو نهـج جديد نسـميه علـم الإسلامويات (دراسـة الإسلامـوية) التطبيقيـة. وعـلى الرغـم مـن الفصـل بـين مجـالي البحـث، الإسـلام (الديـن) والإسلامـوية (الأيديولوجيـة السياسـية التـي تقـوم عـلى تفسـير وضعـي للإسـلام) فإن بعضهـما يكمل بعضـاً في إطـار مقاربـة أشـمل متعددة التخصصـات.

---

21. وائل صالح، لماذا تتعاطف دوائر عديدة في الأكاديميا الغربية مع الإسلاموية؟، عندما يتحوّل فريق من باحثي الإسلاموية إلى أجهزة تسجيل تعيد ترديد مقولات الإخوان المنمّقة، مؤمنون بلا حدود، 11 يناير 2021، على الرابط:https://bit.ly/2cbm5g8

علاوة على ذلك، فهذا الفصل ما هو إلا فصل جزئي، يهدف إلى إعطاء هذا المجال مكاناً مشتركاً بين حقلي الدراسات الإسلامية ودراسات العلوم السياسية. وعلى الرغم من أن وقوع هذا المجال على حدود تخصصَيْ العلوم السياسية والدراسات الإسلامية فإنه بلا شك يستعين بالتخصصات الأخرى، وعلى رأسها علم الاجتماع وعلم النفس والأنثروبولوجي وعلوم اللغويات وعلم الاقتصاد والدراسات القانونية. . . إلخ.

7.1 مدخل نقدي للأفكار المتعاطفة مع الإسلاموية في الأكاديميا العالمية

في السنوات الأخيرة انتبه العديد من الباحثين، وخصوصاً العرب الجادين المتداخلين مع الحضارة الغربية إلى وجود قدر من التعاطف في قسم وازن من الدوائر البحثية والأكاديمية الغربية مع ظاهرة الإسلام السياسي، بما فيهم أكاديميون منتمون إلى ما يعرف باليسار الجديد الذي تبلور بوضوح بعد انهيار الاتحاد السوفيتي أو شريحة كبيرة ممن ينتمون لتيار ما بعد الحداثة. لكن هذا الانتباه لم يحظ بمناقشة نقدية جادة لهذه الأفكار، التي قد تعكس في جزء منها عدم اطلاع كاف على السياق الثقافي العربي / الإسلامي، وفي جزء آخر تأثير الهجرة المبكرة لأكاديميين ونشطاء إسلاميين [أكثرهم من جماعة الإخوان] إلى أوروبا وأمريكا الشمالية وممارستهم نشاطاً فكرياً وسياسياً ودعائياً منظماً وتراكمياً. من هنا تأتي ضرورة التفاعل المباشر مع الأفكار التي تقيم بعض الدوائر الأكاديمية الغربية على أساسها نظرتها الإيجابية لتيار الإسلام السياسي، رغم تزايد مخاطر ظواهر العنف والإرهاب التي نتجت عنه[22].

وتهدف «الإسلامويات التطبيقية» إلى محاولة فهم دراسات ومقالات المتعاطفين مع الإسلاموية في تلك الأكاديميات الغربية بكل اللغات الأوروبية وتفكيكها ونقدها من خلال تحليل مضمون دراساتهم وخطابتهم.

8.1 مدخل مقارني تأريخي للأفكار

يزعم بعض الباحثين ولاسيما الغربيين منهم أن جماعة الإخوان المسلمين يمكن لها أن تسلك الطريق نفسه الذي سلكته الأحزاب المسيحية الديمقراطية في أوروبا. كما يعتقد بعض الباحثين

---

22. وائل صالح، لماذا تتعاطف دوائر عديدة في الأكاديميا الغربية مع الإسلاموية؟ (1)، أصوات أون لاين، 11 يونيو 2020، على الرابط: https://bit.ly/Muqhf8 /

أن الإسلاموية مـن الممكـن لهـا أن تصبـح الشـكل الإسـلامي لـ«لاهـوت التحريـر»[23]. وهـؤلاء لا يضعـون في اعتبارهـم أن الهـدف الرئيـسي للإسلاموية هـو إقامـة نظـام إسـلامي، بمفهـوم محـدد، وهـو نظـام لا يعـترف بالدولـة الوطنيـة ولا يُنظَـر فيـه إليهـا عـلى أنهـا مؤسسـة عامـة تراقـب مصالـح النـاس وتنظـم الشـؤون العامـة، ولكـن كأسـاس وركيـزة للإسلاموية ولحـركات الإسـلام السـياسي لفـرض نمـوذج تديُّنهم حتـى ولـو بالقـوة. وقـد أنتجـت الطبيعـة الفكريـة الخاصـة بتطـور الحـركات الإسـلاموية السـياسي في واقـع الأمـر لاهوتـاً رجعيـاً للتكفـير، لا تقدميـاً للتحريـر[24].

فالإسـلاموية نشـأت عـلى أهـداف خاصـة تجعلهـا أكـثر قابليـة للمقارنـة بالأصوليـة البروتسـتانتية منهـا إلى لاهـوت التحريـر، فالإسـلاموية هـي أصوليـة تشـترك في عـدد معـين مـن السـمات مـع أي تطـرف دينـي؛ كالمؤتمـر المعمـداني الجنـوبي في الولايـات المتحـدة الأمريكيـة، وحركـة «الميـلاد جديـد»، وكذلـك الأصوليـة الهندوسـية على سـبيل المثـال. وكـما توضـح الأسـتاذة الجامعيـة الكنديـة «ميشـلين ميلـو»[25] هنـاك سـمات أساسـية للتطـرف الدينـي تتشـارك فيهـا الحـركات الأصوليـة عـلى الرغـم مـن التنـوع الكبـير لأشـكال التعبـير والجـذور الاجتماعيـة والثقافيـة بينهـا، ويمكـن إجـمال هـذه السـمات فيـما يـلي:

- الخطاب العدواني بشكل عام الذي يرتكز بالأساس على نظريات المؤامرات تجاه الحداثة.

---

23. انظر على سبيل المثال الدراسات التالية:

Hamid Dabashi Theology of Discontent: Ideological Foundations of the Islamic Revolution in Iran, New York University Press, 2005, 706 P.

Modernes », 2018/4 n° 700 | pages 66 à 94, [2] Sylvie Taussig, De l'islam politique à la théologie musulmane de la libération, Gallimard | « Les Temps Modernes », 2018/4, n° 700 | pages 66 à 94.

24. وائل صالح، لماذا تتعاطف دوائر عديدة في الأكاديميا الغربية مع الإسلاموية؟ (1)، أصوات أون لاين، 11 يونيو 2020، على الرابط: https://bit.ly/2cbm7og

25. Milot, M. (1998). Religion et intégrisme, ou les paradoxes du désenchantement du monde. Cahiers de recherche sociologique, (30), 153–178. https://doi.org/10.7202/1002659ar

- العـودة إلى الديـن في جميـع جوانـب الحيـاة باعتبارهـا الطريقـة الوحيـدة الصالحـة للتغلـب علـى العلـل المصاحبـة للحداثـة.

-التمترس خلف مسألة الهوية.

- القدرة على التجييش الشعبوي لإقامة نظام سياسي واجتماعي بديل، وفرضه بالقوة.

وتسـتهدف «الإسـلامويات التطبيقيـة» البحـث عـن أوجـه التشابه بـين الإسـلاموية، وخصوصاً جماعـة الإخـوان المسـلمين، وبـين التنظيـمات والأفـكار الإشـكالية القديمـة والمعاصـرة؛ وذلـك لفهـم أفضـل لتنظيمهـم وخطابهـم، وسـلوكياتهم عـلى أرض الواقـع، وديناميـاتهم الداخليـة، ومـدى خطورتهـم عـلى المجتمعـات، واسـتشراف مآلهـم. وهنـا يمكـن طـرح مجموعـة مـن الأسـئلة مـن بينهـا: مـا هـي أوجـه التشابه بـين الإخـوان والأفـكار الإشـكالية القديمـة والمعاصرة في اليهوديـة والمسـيحية وأنمـاط التديـن غـير التوحيديـة الأخـرى؟ مـا هـي أوجه التشـابه بـين الإخـوان والتنظيمات الإشـكالية القديمـة والمعاصرة كإخـوان الصفـا والإسـلاموية الشـيعية المعاصرة؟ مـا هـي أوجـه الشـبه بـين الإخـوان واليمـين الدينـي المتطـرف في الغـرب؟ كيـف نسـتشرف مـآل الإخـوان مـن خـلال مـا آلت إليـه تلك التنظيـمات والأفـكار الإشـكالية القديمـة؟

9.1 مدخـل مـا بعـد كولونيـالي ولكنـه يتفـادى انحرافاتهـا (دراسـات مـا بعـد الربيـع العـربي)

بعـض المنتسـبين إلى تيـار مـا بعـد الكولونياليـة (الـذي يدعـي السـعي لفهـم صحيـح للمستعمرات السـابقة؛ وذلـك بإزاحـة الأفـكار الخاطئـة التـي زرعتهـا الدوائـر والدراسـات الإمبرياليـة القديمـة والحديثـة)، والـذي تمثلـه أسـماء مثـل طـلال أسـد وصبا محمـود، تتطابـق مواقفه اليـوم مـع تيـار الاسـتشراق في قسـمه الاستعماري الـذي تمثلـه أسـماء مثـل برنـارد لويس، الـذي يـرى أن الإسـلام ديـن سياسي بطبيعتـه، وأن العلمانيـة ذاتهـا هـي المشـكلة وليسـت الحـل لمشـاكل العالـم العـربي الإسـلامي،

وأن تجديد الخطاب الديني هـو مشروع إمبريالي برعاية الغـرب، وهـو مـا يعتقـده الإسلامويون[26].

لا يتردد هـذا التيـار إذن، في التبنـي المطلـق لمقـولات الإسلاميين المؤسسـة واعتبارها من صميم الإسلام ذاتـه كديـن، مدعيـاً أنـه هكـذا يعطـي الفرصـة للعـرب وللمسـلمين أن يعبروا عن أنفسـهم بأنفسـهم، دون الحكـم عليهـم بالمنظـور الثقـافي والفلسـفي الغـربي، وكأن الإسلاموية الممثل الوحيد لتلك الثقافة وذلك الدين، وكأن التيـارات والفـرق والجماعـات المختلفـة الأخـرى في مجتمعـات مـا بعـد الاستعمار هـي كيـان واحـد لا تعـدد فيـه، رغـم أن هـذا التيـار مـا بعـد الكولونيـالي يعـرف مـن مجتمعاتـه الغربيـة، ومـن العلـوم الاجتماعيـة والإنسـانية أن تعـدد الجماعـات داخـل النسـيج الديني الواحـد هو القاعـدة وليـس العكـس[27].

يدعـي هـؤلاء المنتسـبون لتيـار مـا بعـد الكولونياليـة أنهـم يسـعون لإسـماع صـوت المسـتعمرات السـابقة للعـالم، ولكـن ينتهـي بهـم الأمـر بارتكاب مـا هـو معاكـس لذلـك تمامـاً؛ وذلـك بخلـق وضـع تعتمـد فيـه الدراسـات والمجتمعـات عليهـم للحديـث نيابـة عـن مجتمعـات المسـتعمرات السـابقة، بـدلاً مـن السـماح لهـا بالتكلـم عـن نفسـها مبـاشرة، كأنـه كُتـب عليهـا أن يتكلـم عنهـا غيرهـا تحـت وطـأة الاستعمار باسـم الاستشراق وبعـده باسـم الدراسـات مـا بعـد الكولونياليـة[28].

حوَّل هـذا الوضـع المتعمَّـد محتـوى الأهـداف النبيلـة لتيار مـا بعـد الكولونياليـة (التي كان يسـتهدفها مؤسسـو هـذا التيـار مثـل إدوارد سـعيد) إلى نـوع مـن الاستشراق الجديـد؛ وذلـك باستمرار تأطيرهـما للعالم العـربي في صـورة تلبـي طموحـات الغـرب ومخيلتـه ومطامعـه في امتلاك تلـك المنطقة مـن العالم عـن طريـق امتـلاك صـوره وتمثلاتـه، كـما فعـل الاستشراق التقليدي.

أمـام وضـع كهـذا، يتوجـب عـلى الباحثين العـرب نقـد ذلـك التيـار وتفكيكه واقتراح مقاربـات أخـرى لفهـم منطقتنـا ومسـاعدة مجتمعاتها في النـماء وتمكينها مـن التعبير عـن نفسـها والوصول إلى مقاربتها

---

26. وائل صالح، دراسات ما بعد الربيع العربي، كنقد لدراسات ما بعد الكولونيالية، مؤمنون بلا حدود، 22 فبراير 2021، على الرابط:https://bit.ly/MuqkHQ

27. المصدر نفسه.

28. المصدر نفسه.

المعرفية الخاصة بها لفهم ظواهرها، وخصوصاً بعد ما سُمّي بالربيع العربي، الذي أثبت فشل معظم المقاربات والدراسات التي كانت سائدة قبله وأثناءه، والتي شاركت بجهلها أو بتجاهلها حقائق الواقع في ما وصلت إليه المنطقة من نتائج كارثية[29].

في هذا الإطار، نقترح ما سُمّي دراسات ما بعد الربيع العربي (Post-Arab Spring Studies)، وهو مصطلح يمكن أن يشير إلى ثلاثة معان متمايزة: أولاً، معنى تاريخي بحت، حيث يشير إلى فاصل زمني بين فترة ما قبل وما بعد ما يسمى الربيع العربي. وبحسب هذا المعنى، لا يؤخذ في الاعتبار إلا ما يتعلق بفترة ما بعد 2011. وثانياً، معنى يشير إلى الدراسات العلمية التي نُشرت في فترة ما بعد الربيع العربي. وثالثاً، معنى علمي؛ وهو ظهور مقاربة نظرية يتم من خلالها نقد الخطابات والمناهج والمقاربات المعرفية والتحليلات السائدة والمتعلقة بالعالم العربي وتفكيكها. وكل تلك المعاني تشكل معاً، متضامنة ومتعاونة، القلب المعرفي لدراسات ما بعد الربيع العربي.

تسعى دراسات ما بعد الربيع العربي لزيادة الأبحاث المهتمة بتطور العالم العربي متفادية الهيمنة الإمبريالية العلمية والنسبية الراديكالية للتيارات السائدة في العلوم الإنسانية والاجتماعية، والتي تتناول بالتحليل ظواهر المنطقة العربية؛ وذلك من خلال مقاربة واقعية عابرة حدود التخصصات، وتسعى أيضا لتطوير مجال منهجي وفكري ونظري معرفي يطمح إلى تجاوز النقاط العمياء والغيتو الفكري لتلك التيارات التي كانت سائدة، برغم جنوحها المعرفي والمنهجي[30].

خلاصة الأمر، بعد تواطؤ بعض منتسبي تيار ما بعد الكولونيالية فيما وصلت إليه المنطقة في أثناء ما سمي بالربيع العربي، وتبني كثير من القادة في الغرب، على المستوى السياسي والثقافي والإعلامي، للنتائج المضللة لكثير من بحوثهم، تسعى دراسات ما بعد الربيع العربي لنقد تيار ما بعد الكولونيالية وتفكيكه، والذي تحول لنوع من الاستشراق يحقق أهداف الإسلاموية والإمبريالية معاً؛ وذلك باقتراح مقاربات جديدة لفهم منطقتنا ومساعدة مجتمعاتها في التقدم والرخاء من جانب، وتمكينها - في الحقيقة - من

---

29. المصدر نفسه.

30. المصدر نفسه.

التعبيـر عـن نفسـها بنفسـها ووصولهـا لمقاربتها المعرفيـة الخاصـة بهـا لفهـم ظواهرهـا مـن جانـب آخر[31].

1.10 مدخل ذو نزعة تفكيرية/انعكاسية (reflexive approach)

تتطلـب «الإسـلامويات التطبيقيـة» أخـذ مسـافة معرفيـة مسـبقة ممـا هـو متـداول مـن مناهـج ومقاربـات موجـودة في سـاحة دراسـة الإسـلام السـياسي. إن «الإسـلامويات التطبيقيـة» تعتبر الإسـلاموية هدفـاً وموضوعـاً لهـا ومجالاً دراسـياً تطبيقيـاً قائمـاً عـلى أسـاس الرغبـة في التدخـل المواطَنـي كقيمـة معرفيـة مضافـة يمكـن الاسـتفادة بهـا في خدمـة العيـش معـاً بسـلام وكرامـة.

إن «الإسـلامويات التطبيقيـة» مجـال تطبيقـي يعتمـد عـلى رغبـة الباحـث الشـخصية في التدخـل المعـرفي مـن خـلال البحـث الأكاديمـي الـذي يسـتهدف بالأسـاس التغييـر الاجتماعـي. وهـو مـا يتطلـب تفكيـر الباحـث في نفسـه بدايـة، ليعـرف مـا هـي دوافعـه لدراسـة الظاهـرة ومـا هـي السـياقات والعنـاصر التـي تؤثـر في دراسـته للظاهـرة، ومـا هـي الأدوات المعرفيـة والمنهجيـة المتاحـة لـه، وكيـف يراهـا ويقيّمهـا، وأخـيراً كيـف يصنـف نفسـه بـين الباحثـين الآخريـن، وكيـف يخطـط لتكـون دراسـته للظاهـرة قيمـة معرفيـة مضافـة يمكـن الاسـتفادة منهـا في خدمـة العيـش معـاً بسـلام وكرامـة[32].

2. محاور بحث الإسلامويات التطبيقية

يسـتهدف هـذا الجـزء مـن الدراسـة تحديـداً لبعـض محـاور تطبيـق تلـك المرجعيـة المعرفيـة العربيـة لدراسـة الظاهـرة التـي أسـميناها بالإسـلامويات التطبيقيـة.

1.2 الإسلام (الدين) والإسلاموية (الأيديولوجية)

إن العقبـة الكـؤود في دراسـة الإسـلاموية هـي الخلـط بينهـا وبين الإسـلام؛ فمـن ناحية يريد الإسـلامويون احتكار الإسـلام ليكونـوا الممثلـين الحصريـين لـه، ومـن جهـة أخـرى لاحظنـا أن تيـارات أكاديميـة غربيـة تطابـق بـين الإسـلام بوصفـه ديـناً وبـين الجماعـات الإسـلامويّة وتعتبرهـا الممثـل الوحيـد للإسـلام،

---

31. المصدر نفسه.

32. Wael Saleh et Patrice Brodeur L'islam politique à l'ère du post-printemps arabe: Sommes-nous entrés dans l'ère du nécro-islamisme? Editions L'Harmattan, 2017, p. 21.

متجاهلـة تيّـارات أخـرى مهمـة عـلى السـاحة الإسلاميـة، كتيار التصـوف وتيار التجديـد العقلي...إلخ. وكان مـن المدهـش أن بعـض هـؤلاء الأكاديميـين الغربيـين يطابقـون بـين الإسلام والإخـوان تحديداً[33].

يستهدف هـذا المحـور البحثي الإجابة مـن خـلال مقاربـة نقديـة للأدبيـات الإسلامويـة عـن أسـئلة مـن قبيـل: مـا الفـرق بـين الإسـلام والإسلامويـة؟ ومـا الفـرق بـين المسـلم والإسلاموي؟ وهل الإسلامويـة ظاهـرة جديـدة في الإسلام؟ وهـل الإسلامويـة انحـراف عـن ديـن الإسلام؟ وكيـف ينظـر الإسلاميون إلى المسـلمين الذيـن لا ينتمـون إلى الإسلامويـة؟ وكيـف يـرى المسـلمون الإسلامويين؟ وكيـف يـرى الإسلامويـون أنفسـهم؟ وكيـف نفـكك وننقـد الإسلامويـة مـن داخـل الإسلام؟ وهـل يـرى الإسلاميـون أنفسـهم جماعـة المسـلمين أم جماعـة مـن المسـلمين؟ وهـل يمكـن وصـف مَـن ينتقـد الإسلامويـة بـأن لديـه رُهابـاً مـن الإسـلام، كـما يحـدث حاليـاً، وبخاصـة في الغـرب؟

2.2 الإسلام السياسي بين السلطة والمعارضة

بوصـول الإسلامويون إلى السـلطة، فقـد اضطروا إلى النـزوح مـن المجـال الاجتماعـي والدينـي حيـث الشعارات السـهلة والمغريـة (مثل الإسلام هـو الحل) إلى المجـال السـياسي الحكومـي الواقعـي الـذي يقيَّم عـلى أسـاس معايير الكفـاءة والمصداقيـة والشـفافية، وعـلى مـدى احـترام قواعـد الديمقراطيـة، والكفـاءة الاقتصاديـة، والدرايـة والممارسـات الدبلوماسـية، وعـلى مـدى التحـول الاجتماعـي الإيجابـي ...إلـخ، وحيـث لا يقيَّم أداؤهـا كـما اعتـادت بنـاءً عـلى جـودة الخطـب الدينيـة أو خطاباتهـم الاحتجاجيـة المجانيـة[34].

صاحَبَ وصـول الإسلاميين للسـلطة تصاعد التوتـرات بينهم وبـين الطبقـات الوسـطى العلمانيـة والحركات الإسلاميـة المختلفـة، في ظـل وضـع أمنـي غـير مسـتقر ووعـود انتخابيـة لم ينفـذ منهـا شـيء؛ مثـل صياغـة الدسـاتير بالإجـماع وليـس بالأغلبيـة، وتحسـين الوضـع الاجتماعـي، وخفـض معـدل البطالـة، ...إلـخ.

---

33. وائل صالح، لماذا تتعاطف دوائر عديدة في الأكاديميا الغربية مع الإسلاموية؟ هل الإسلاموية هي الإسلام أم هي التيار المتغلب إعلامياً؟، مؤمنون بلا حدود، 14 ديسمبر 2020، على الرابط: https://bit.ly/2cbm5wE

34. Wael Saleh et Patrice Brodeur L'islam politique à l'ère du post-printemps arabe: Sommes-nous entrés dans l'ère du nécro-islamisme ?, Editions L'Harmattan, 2017, p.30-31.

إن هـذا المحـور البحثـي يسـتهدف الإجابـة عـن أسـئلة مـن قبيـل: لماذا فشـل الإسلامويون العـرب في إدارة الوضع الاقتصادي والسياسي بـدول مـا سُمّي بـ «الربيـع العربي»؟ لماذا انهارت شـعبيتهم؟ وكيـف تحولـت تركيـا إلى الديكتاتوريـة المطلقـة؟ ومـا مسـتقبل تركيـا في عهـد أردوغـان؟ ومـا الـذي فعلـه الربيـع العربـي في الإسلامويين والعكـس؟

3.2 الخطاب الإسلاموي والحداثة وقيم العيش المشترك

يمكننا القـول بـأن العالـم العربـي الإسلامي، قبـل مـا يسـمى بالربيـع العربـي وبعـده، كان ضحيـة الـصراع بين مشروعين لرؤيـة الدولـة وكيف ننظم الحيـاة لنعيـش معـاً؛ المشروع الأول حداثـي، والآخر إسلاموي يضع نفسـه في مواجهـة قيـم الحداثة (سيادة القانـون، الديمقراطيـة، علمنة الفضاء العـام، حقـوق الإنسـان، المسـاواة بـين جميـع المواطنين، المسـاواة بـين الرجـل والمـرأة). فمـا هـي الأفـكار المؤسسـة لخطـاب الإسلاموية فيـما يتعلـق بالحداثـة؟ وهـل الخطـاب الإسلاموي متوافـق مـع قيـم العيـش الكريـم معـاً وبسـلام؟

يهـدف هـذا المحـور إلى فهـم ظاهـرة الإسلاموية المعقـدة في علاقتهـا بالحداثـة مـن خـلال تحديـد المواقـف التـي يتبناهـا الإسلامويون المعاصـرون فيـما يتعلـق بقيـم الحداثـة، في جميـع أبعادهـا الدينيـة والتاريخيـة والقانونيـة والاجتماعيـة والسياسية، وذلك مـن خـلال تحليـل خطابهـم ونصوصهـم التأسيسـية.

4.2 خطابات الإسلامويين وممارساتهم من منظور مقارن

يهـدف هـذا المحـور، بنـاءً عـلى بيانـات ومعلومـات عادة مـا سـتكون أوليـة المصـدر، إلى دعـم تكويـن منهـج مقـارني متطـور لخطابـات الإسلامويين وممارسـاتهم ومسـاراتهم في البلـد نفسـه أو فيـما بـين الإسلامويين بانتماءاتهـم الأيديولوجيـة نفسـها، برغـم وجودهـم في بلـدان مختلفـة. الهدف الرئيسـي مـن هـذا المحـور هـو فهـم أفضـل لظاهـرة الإسلاموية مـن خـلال إبراز أوجه الاختـلاف والتشـابه بـين خطابـات حركاتها المختلفـة بممارسـاتها ومسـاراتها. ويسـتهدف هـذا المحـور البحثـي الإجابـة عـن أسـئلة مـن قبيـل: هـل خطابـات الإسلامويين وممارسـاتهم ومسـاراتهم متشـابهة؟ وفيمَ تختلـف؟ وفيمَ تتفـق؟ وسـيتم إيـلاء اهتـمام خـاص بتحليـل التحولات في خطابـات الأحـزاب والتيارات الإسلامية

ومقارنتها فيما يتعلق بمسائل جدلية؛ كالحرية في الدين، وحرية الضمير، وحقوق المواطنة ومكانة المرأة ...إلخ.

5.2 الإسلاموية في العلاقات الدولية

مما لا شك فيه أن الإسلاموية تلعب دوراً مهماً على الساحة الدولية منذ جمال الدين الأفغاني وحتى الآن. وهذا المحور مخصص لفهم دور الإسلام السياسي كفاعل في العلاقات الدولية، وبخاصة بعد ما يسمى «الربيع العربي». ويستهدف الإجابة عن أسئلة من قبيل: كيف غير الربيع العربي الأمور على الساحة الدولية؟ وما العواقب الجيوسياسية لصعود الإسلاموية؟ وما النتائج المترتبة على زوال تأثيرها في الشرق الأوسط؟ وما علاقات الإسلاميين العرب مع كلٍّ من الولايات المتحدة وأوروبا وتركيا وإيران ودول الخليج العربي وإسرائيل؟ وما دور بعض الدول الغربية في نشأة الإسلاموية وتطورها؟ وكيف تُستَخدَم الإسلاموية في العلاقات الدولية المعاصرة.

6.2 الإسلاموية والقضايا الأمنية

يستهدف هذا المحور البحثي الإجابة عن أسئلة من قبيل: ما تداعيات الأيديولوجيات الإسلاموية على الأمن القومي، الإقليمي والدولي؟ وما القضايا التي تهدد السلام والأمن الدوليين في هذا الشرق الأوسط الجديد الناشئ حالياً بعد ما يسمى الربيع العربي؟ وما هو دور الإسلاميين فيها؟ وهل أضعف صعود الإسلاميين السلطة في الشرق الأوسط الإسلام الراديكالي والجهاد العابر للحدود، كما كان يدعي بعض الباحثين؟ وهل الإسلاموية تُعدّ عنصر استقرار أو عنصراً مزعزعاً للاستقرار وللسلم الإقليمي والدولي؟ ولماذا؟

7.2 الإسلاموية والاقتصاد

من الجدير بالذكر أنه على الرغم من تلازم الاقتصادي والأيديولوجي لدى كثير من جماعات الإسلام السياسي؛ مثل جماعة الإخوان المسلمين، وذلك منذ بدايات نشأتها الأولى، إذ هي شركة

اقتصادية كـما يقـول مؤسسـها الأول حسـن البنـا[35]، فإن الدراسـات التـي تهتـم بذلك المنحـى هـي جـد حديثـة. ويهـدف ذلك المحـور البحثـي إلى سـبر أغـوار شبكات المـال والأعـمال والتمويل لـدى جماعـات الإسـلام السـياسي، وذلك مـن خـلال الإجابـة عن تسـاؤلات مـن قبيل: مـا دور الاقتصاد في الأيديولوجية الإسـلامية؟ ومـا المرتكـزات التنظيرية التـي يقـوم عليها الربط بـين الاقتصاد وتلك الأيديولوجيـات؟ ومـا مصـادر تمويلهـا؟ ومـا الـدور الـذي أنيـط بالاقتصـاد لضـمان تمددها؟ ومـا الآليـات الاقتصاديـة التـي اعتمدتهـا لمقاومـة الضغـوط الأمنيـة التـي تتعـرض لها؟

يهـدف هـذا المحـور إلى الإجابـة عـن أسـئلة أخـرى مـن قبيـل: مـا الـرؤى الاقتصاديـة للإسـلامويين؟ هـل الإسـلامويون ليبراليـون اقتصاديـاً؟ هـل لـدى الإسـلامويين بـرامج اقتصاديـة واضحـة المعـالم؟ ومـا اسـتراتيجيات الإسـلامويين الاقتصاديـة في الـدول التـي يحكمونهـا؟ وهـل تخضـع الإسـلامويـة نفسـها لاستراتيجيات السـوق؟ ومـن يمـول الإسـلامويين؟ ومـا هـو دور قطـر وتركيا في تمويـل الإسـلامويين؟ ومـا المشـاريع الاقتصاديـة للإسـلامويين في العـالم؟ ومـن هـم شركاء الإسـلامويين الاقتصاديـين حـول العـالم؟

8.2 الإسلاموية والعنف

غالبـاً مـا يبيّـض قسـم وازن مـن الباحثـين، بوعـي أو دون وعـي، العنـف الـذي تمارسـه الإسلاموية، سـواء بنفـي تلـك التهمـة عنهـا بالمطلـق مـن دون تحليـل معمـق، أو بتجاهلهـم شرعنتهـا وتنظيرها للعنف باسـم الديـن. ويسـتبعد هـؤلاء الباحثـون هذا الجانـب مـن قائمـة أدواتهـم التحليليـة، مكتفـين بالسـعي لفهـم أسـبابه الاجتماعيـة والسياسـية والاقتصاديـة، أو بتقديـم العنـف التـي تمارسـه الحركات الإسـلاموية على أنه مجـرد انحـراف عـن نهجها السـلمي، وأنـه رد فعـل طبيعـي ضـد العولمـة أو الإمبرياليـة الغربيـة. ويتجاهـل توصيـف هـؤلاء الباحثـين كل الأدلـة التـي أظهرتهـا الوثائـق الغربيـة السريـة (بعد مرور خمسـين عامـاً) بأن الإخـوان المسـلمين كانـوا باسـتمرار حلفـاء للإمبرياليـة الغربيّـة في ضرب مشروعـات التحـرر الوطنـي والنظم التـي حاولـت بنـاء التنميـة المسـتقلة، ولم يكونـوا قط أعـداء للرأسـمالية[36].

---

35. حسـام الحداد، حسن البنا.. مؤسس جماعة الإخوان، بوابة الحركات الإسلامية، 12 فبراير 2021، على الرابط://https
www.islamist-movements.com/37553

36. وائل صالح، لماذا تتعاطف دوائر عديدة في الأكاديميا الغربية مع الإسلاموية؟ عندما يبرر فريق من باحثي الأكاديميا الغربية العنف الذي تمارسه الإسلاموية؟، مؤمنون بلا حدود، 18 يناير 2021، على الرابط: https://bit.ly/2bqS2AJ

منـذ نهايـة السـبعينيات وحتـى بدايـة الألفيـة، وبخاصـة بعـد هجـمات 11 سبتمبر 2001، تزايـد الاهتـمام بالتطرف المـؤدي إلى العنـف باسـم الإسـلام بشـكل كبـير، سـواء برغبة مباشـرة مـن البحـث العلمـي أو بطلـب مجتمعـي أو أمنـي، ومـع ذلـك فهنـاك قليـل مـن الدراسـات التـي تركـز بشـكل أسـاسي وعميـق عـلى منتجـي المعرفـة التـي مـن الممكـن أن تـؤدي للعنـف؛ أي مؤلفـي النصـوص التأسيسـية للإسـلاموية أو الباحثـين والمنظّرين الذيـن يحللـون ويشرحـون ظاهـرة التطرف المـؤدي إلى العنـف باسـم الإسـلام، وهـم متعاطفـون مـع فاعليـه. في الواقـع، فـإن مؤلفـي النصـوص التأسيسـية للإسـلاموية، فضـلاً عـن الاتجـاه السـائد بـين الباحثـين، يشرعنـون أو يبررون أو يقللـون مـن أهميـة التطرف الـذي يـؤدي إلى العنـف باسـم الإسـلام؛ لذلـك فهـم عـلى رأس سلسـلة تتكون الحلقـة الأخيرة منهـا مـن الأشـخاص والجماعـات المتورطة بشـكل مباشر في هـذا العنـف. ويهدف هـذا المحـور إلى تبيـان التحريـض عـلى العنـف أو تزويـده بغطـاء أيديولوجـي أو دينـي أو نظري يضفـي الشرعيـة عليه أو يـبرره أو يقلل مـن شـأنه، يُعـدُّ عمـلاً عنيفـاً، وفقـاً لنظريـة الفعـل الكلامـي Theory of speech acts [37] عنـد J. L. Austin [38]

يهـدف هـذا المحـور إلى اتّبـاع مقاربـة نقديـة ومتعـددة التخصصـات تربـط بـين عوامـل التهميـش الاقتصـادي والاجتماعـي والسياسـي والنصـوص المؤسسـة والمسـوغة للعنـف؛ مثـل كتـب سـيد قطـب، والمـودودي، وفـرج عبدالسـلام...إلخ. وذلـك لإعطـاء كل العوامـل وزنهـا النسـبي، وهو أمـر ضروري لفهم

---

37. Austin, J. L. (1962) How to Do Things with Words, Cambridge, Mass.: Harvard University Press.

38. قسم أوستن أفعال الكلام ثلاثة أقسام:

أ. الفعل اللفظي act Locutionary ويقصد به عملية النطق بالجملة المفيدة التي تتفق مع قواعد اللغة.

ب. الفعل غير اللفظي act illocutionary ويراد به الفعل الذي يقصده المتكلم بالجملة، كالأمر أو النصيحة.

ت. الفعل المترتب عن النطق act perlocutionary ومو التأثير الذي يكون للفعل اللغوي في المتلقي، كطاعة الأمر، أو الاقتناع بالنصيحة، أو تصديق المتكلم أو تكذيبه، وقد لفتت هذه النظرية الانتباه إلى أن اللغة ليست فقط للإخبار ونقل الأفكار، بل هي تؤدي أيضاً وظيفة التأثير الاجتماعي في الآخرين، عبر ما يعرف بصيغ العقود أو الصيغ الإنشائية، ويميز عادة بين نوعين من هذه الصيغ: صيغ الأحكام وصيغ الإنجاز، ومن الأولى أحكام المحكّمين، والفتاوى، ونحوهما، ومن الأخرى صيغ العقود؛ كقول البائع «بعتُ» وقول المشتري «اشتريتُ»، ومنها أيضاً قرارات التعيين، والنطق بالحكم بالسجن، متكلم معين «القاضي»، كمثال، لمخاطب معين «المتهم»، كمثال، ونحوه، ولا تكون هذه الصيغ نافذة إلا إذا صدرت من معين في زمن معين ومكان معين وظرف معين.

أفضـل لظاهـرة التطـرف التـي تـؤدي إلى العنـف - كذبـاً - باسـم الإسـلام، دون الوقـوع في فخ تبييض العنـف. وحدهـا تلـك المقاربـة الإبسـتمولوجية الشـاملة هـي القـادرة عـلى إيجـاد حلـول سـياقية، وعـلى:

1. تجـاوز التفسـيرات الاسـتشراقية أو الأصوليـة التـي تؤكـد أن الإسـلام، باعتباره تعسـفاً، هـو بوصفه دينـاً، في حـد ذاتـه، يمثل العامـل التفسـيري الرئيـسي للتطـرف المـؤدي إلى العنف.

2. تجـاوز التفسـيرات التـي تبـدي تعاطفـاً أو انحيـازاً أكاديميـاً مـع الإسـلاموية بتبرئـة نمـط التديـن المنغلـق والمتشـدد الـذي يـتربى عليـه أتباعهـا في خاصيـة انتقالهـم السـريع لممارسـة العنـف، وهي تفسـيرات تنكـر تماماً دور النص الأيديولوجـي المؤسـس للعنـف، وحصـر أسـباب هـذا التطـرف والعنـف والإرهـاب فقـط في التهميـش الاقتصادي والاجتماعـي والسـياسي، باعتبارهـا العوامـل الوحيـدة لهـذا العنف[39].

ويهـدف هـذا المحـور إلى الإجابـة عـن أسـئلة مـن قبيـل: هـل العوامـل غـير التدينيـة هـي الحاسـمة في تطرف الأشـخاص الـذي يـؤدي إلى العنـف؟ وهـل العوامـل السياسـية أكـثر حسـماً مـن العوامـل التدينيـة في وجـود التطـرف الـذي يـؤدي إلى العنـف؟ ومـا أهميـة السـياق الاجتماعـي والاقتصادي في فهـم التطـرف الـذي يـؤدي إلى العنـف؟ ومـا دور العامـل النفـسي في فهـم هـذا النـوع مـن التطـرف؟ ومـا الـدور الـذي تلعبـه الإسـلاموية في التطـرف الـذي يـؤدي إلى العنـف باسـم الإسـلام؟

9.2 الإسلاموية ومفهوم الآخر

في أوسـاط هـذه الجماعـات الإسـلاموية القائمـة عـلى فكـرة التمييـز الدينـي لأعضائهـا عـن المسـلمين الآخريـن، وفكـرة الشـعور بالتهديـد مـن الداخـل مـن قبـل المسـلمين "الزائفين"، كما يرونهـم، يصبح كل إسـلاموي مناضـل مـن أجـل الإسـلام هـو الـوصي والمسـؤول الوحيـد عـن الإسـلام الحقيـقي، كما يصبح

---

39. وائل صالح، لماذا تتعاطف دوائر عديدة في الأكاديميا الغربية مع الإسلاموية؟، مؤمنون بلا حدود، 18 يناير 2021، على الرابط: https://bit.ly/2cbm7Vi

كل مسلم «غير إسلاموي» هدفاً لكل أشكال العنف الرمزي والبدني والازدراء والتعصب والإقصاء.[40]

لذا، يهدف هذا المحور إلى فهم كيف أن هذا الآخر المسلم «غير الإسلاموي» هو نتاج عملية مزدوجة لبناء الأنا لدى الإسلاموي واستبعاد الآخر المسلم «غير الإسلاموي» من الإسلام؛ وذلك بتحليل الخطاب الإسلاموي حول الهوية والأنا والآخر لاختبار وجود الانحرافات الطائفية التالية في نصوصهم المؤسسة وخطابهم التجييشي:

1. تقديس المؤسس لدرجة أن يأخذ مكان الرسول، ولو بطريقة غير مباشرة.

2. لا إسلام خارج «الإسلاموية» (فكر الإسلام السياسي)؛ فالإسلاموية لا تقدم نفسها على أنها جزء مما هو موجود في الإسلام من تيارات، بل ترى نفسها تجسيداً وحيداً للإسلام. إنها تمثل الإسلام بشكل حصري، فمن خلال الإسلاموية وحدها يمر خلاص الإسلام والإنسانية اليوم. إنه إسلام موازٍ، في الواقع.

3. تقديس المعاناة، أو السعي الدائم «للكربلائية».

4. العزلة الشعورية، فلا يخرج الإخوان من مجتمعهم فكرياً إلا للدعوة أو لتجنيد المسلم العادي لصالح الإسلاموية.

5. الحوار النقدي الجاد حول نمط تدين الإسلاموي غير وارد.

6. الحرص على استخدام مفردات خاصة بهم والعمل على نشرها، إما بخلق كلمات جديدة، أو بتغيير معنى الكلمات الشائعة.

يهدف هذا المحور إلى الإجابة عن سؤال محوري مركب؛ وهو: كيف يتم تعريف الآخر في الحركات الإسلاموية المعاصرة؟ وما تأثير ذلك على الحقوق المدنية لهذا الآخر؟

---

40. وائل صالح، لماذا تتعاطف دوائر عديدة في الأكاديميا الغربية مع الإسلاموية؟ الإسلامويّة.. هل هي رد فعل على الغزو الثقافي الغربي؟، مؤمنون بلا حدود، 25 يناير 2021، على الرابط: https://bit.ly/2cbm8bO

10.2 مستقبل الإسلاموية

يراهـن بعـض الباحثـين في مجـال الإسلاموية، مثـل آصف بيـات في كتابـه «مـا بعـد الإسلاموية» عـلى[41] تغـير الإسلامويين تحـت ضغـط وإكراهـات الواقـع نحـو الديمقراطيـة وحقـوق الإنسـان ومبـادئ التعايـش المشـترك وتقبـل الآخـر. يطلـق هـؤلاء المتعاطفون عـلى ذلـك التحـول «مـا بعـد الإسلاموية» كمحاولـة لتأطـير المفاهيـم ووضـع اسـتراتيجية لبنـاء منطـق ونمـاذج متجـاوزة للإسلاموية في المجـالات الاجتماعيــة والسياسـية والفكريـة؛ وذلـك بدمـج التديـن بالحقـوق، والإيمـان بالحريـة، والإسـلام بالديمقراطيـة والحداثـة، لتحقيـق مـا أطلـق عليـه البعـض «حداثـة بديلـة» أو «حداثـة من الداخـل».[42] باختصـار، يـرى هـؤلاء أن «مـا بعـد الإسلاموية» تمثـل نوعاً مـن القطيعـة مـع إرث «الإسلاموية»، باعتبارهـا نوعاً مـن الوصـل مـع إرث الإصـلاح الدينـي عـلى الطريقـة الغربيـة.

لقد أثبـت الربيـع العربي أن مصـير الإسلاموية هـو موتها وأفولها (nécro-islamisme)، وليـس مـا بعدهـا (post-islamisme) بالمعنـى المذكـور أعـلاه، كـما بينـت مـع زميـلي البروفيسور باتريـس بـردور في كتابنـا «الإسلام السـياسي في زمـن مـا بعـد الربيـع العربي: هـل حـان مـوت الإسلاموية؟».[43]

يهـدف هـذا المحـور إلى شرح كيـف فقـدت الإسلاموية بعـد الربيـع العربي حواضنها (في نطـاق الدولة الوطنيـة والمنطقـة العربيـة والعـالم)، والتـي كانـت تدعـم الإخـوان والإسلامويين بشـكل كبـير قبـل عام 2011، وكيـف أن ردة فعـل الإخـوان قـد تلخصت في صورتـين: الصـورة الأولى هـي العـودة التامـة إلى خطابهـم المؤسـس بمـا يتضمنـه مـن تكفـير الآخـر، والصـورة الثانيـة هـي التنظـير والتبشـير بالخلافـة والشريعـة والشرعيـة الدينيـة للحكـم السـياسي واحتكار التحـدث باسـم الديـن...إلـخ. كـما يهـدف هـذا المحـور إلى الإجابـة عـن سـؤال محـوري وهـو: مـا هـي مـآلات الإسـلاموية مـا بعـد الربيـع العربي؟

---

41. Asef Bayat, Post-Islamism: The Changing Faces of Political Islam, Oxford University Press, 2013, 351 p.

42. وائل صالح، لماذا تتعاطف دوائر عديدة في الأكاديميا الغربية مع الإسلاموية؟ هل نعيش مرحلة «ما بعد الإسلاموية» أم «نهاية الإسلاموية»؟، مؤمنون بلا حدود، 8 فبراير 2021، على الرابط: https://bit.ly/MuqkYm

43. Wael Saleh et Patrice Brodeur L'islam politique à l'ère du post-printemps arabe: Sommes-nous entrés dans l'ère du nécro-islamisme?, Éditions L'Harmattan, 2017, p. 28.

خاتمة

حاولنا في هـذه الدراسـة تأسيس مرجعية معرفية عربية في دراسـة ظاهرة الإسلام السياسي وتحديد بعض محاور البحـث. وهـو عمـل لا ينتهي بكتابة هـذه الدراسـة بـل يبـدأ، وهـو مبنـي عـلى نـوع مـن الحـوار المعـرفي المفتـوح بشـكل دائـم لتجويد ذلك المدخـل قدر الإمـكان وجعلـه قـادراً عـلى الـدوام لمواكبة تطورات الإسلاموية وعدم التوقف عـن سبر أغوارها بما يكشف عنها ومـن خـلال مـا تمدنـا بـه مناهج البحـث العلمـي مـن كل جديد.

وتهـدف هـذه المرجعيـة المعرفية العربية أن تكـون صوتاً لسرديـة عربيـة ولمنهجيتهـا وأدواتهـا التحليلية، وذلك في ساحة الأكاديميا العالمية المتخصصة في دراسـة ظاهرة الإسلاموية؛ فمن العبث أن تكـون ظاهـرة الإسلاموية عربيـة، في حين أن المقاربات غير العربية هـي التـي تتسـيد السـاحة في تحليلهـا وفهمهـا، خصوصـاً إذا كان يغلـب عـلى تلك المقاربـات والأدوات المنهجيـة السـطحية أو الاختزاليـة أو الأدلجـة.

ولا تهـدف «الإسلامويات التطبيقيـة» إلى قمـع المداخـل الأخـرى في دراسـة ظاهـرة الإسلاموية ولا تستطيع ذلك، لكنها تقترح فقـط موقفـاً نقديـاً وتعدديـاً في تحليل ظاهرة الإسلاموية لتجنب ما نسـميه «الإمبرياليـة العلمية» (اعتبـار أن هنـاك تفسـيراً واحـداً فقـط، وأن جميع التفسـيرات الأخـرى خاطئـة) مـن جانب، ولتجنب النسـبية العدميـة (عـدم الوقـوع في نـوع مـن المسـالمة الراديكاليـة القائمـة عـلى فكـرة النسـبية العدمية؛ بمعنى المسـاواة بـين التفسـيرات بغض النظـر عن مـدى جديتها) مـن جانـب آخـر.

قائمة المراجع

باللغة العربية

وائـل صالـح، لمـاذا تتعاطـف دوائـر عديـدة في الأكاديميـا الغربيـة مـع الإسلامويـة، مؤمنـون بـلا حـدود، 25 نوفمـبر 2020، عـلى الرابـط: https://bit.ly/33btIJe

وائـل صالـح، لمـاذا تتعاطـف معهـا الأكاديميـا الغربيـة؟ عندمـا يتحـول فريـق مـن باحثـي الإسلامويـة إلى أجهـزة تسـجيل تعيـد ترديـد مقـولات الإخـوان المنمقـة، أصـوات أون لايـن، 16 يوليـو 2020، عـلى الرابـط: https://bit.ly/2cbm4J6

وائـل صالـح، لمـاذا تتعاطـف دوائـر عديـدة في الأكاديميـا الغربيـة مـع الإسلامويـة؟ هـل تتوافـق الإسلامويـة مـع المواطنـة والعيـش المشـترك، مؤمنـون بـلا حـدود، 1 فبرايـر 2021، عـلى الرابـط: https://bit.ly/Muqkrk

وائـل صالـح، لمـاذا تتعاطـف دوائـر عديـدة في الأكاديميـا الغربيـة مـع الإسلامويـة؟ عندمـا يتحـوّل فريـق مـن باحثـي الإسلامويـة إلى أجهـزة تسـجيل تعيـد ترديـد مقـولات الإخـوان المنمّقـة، مؤمنـون بـلا حـدود، 11 ينايـر 2021، على الرابـط: https://bit.ly/2cbm5g8

وائـل صالـح، لمـاذا تتعاطـف دوائـر عديـدة في الأكاديميـا الغربيـة مـع الإسلامويـة؟ (1)، أصـوات أون لايـن، 11 يونيـو 2020، https://bit.ly/Muqhf8

وائـل صالـح، لمـاذا تتعاطـف دوائـر عديـدة في الأكاديميـا الغربيـة مـع الإسلامويـة؟ (1)، أصـوات أون لايـن، 11 يونيـو 2020، عـلى الرابـط: https://bit.ly/2cbm7og

وائـل صالـح، دراسـات مـا بعـد الربيـع العـربي، كنقـد لدراسـات مـا بعـد الكولونياليـة، مؤمنـون بـلا حـدود، 22 فبرايـر 2021، عـلى الرابـط: https://bit.ly/MuqkHQ

وائـل صالـح، لماذا تتعاطف دوائر عديدة في الأكاديميا الغربيا مع الإسلاموية؟ هـل الإسلاموية هي الإسلام أم هـي التيار المتغلب إعلامياً؟، مؤمنون بـلا حـدود، 14 ديسمبر 2020، على الرابـط: https://bit.ly/2cbm5wE

حسـام الحـداد، حسـن البنـا.. مؤسـس جماعـة الإخـوان، بوابـة الحـركات الإسلامية، 12 فبرايـر 2021، على الرابـط: https://www.islamist-movements.com/37553

وائـل صالـح، لمـاذا تتعاطـف دوائـر عديـدة في الأكاديميـا الغربيـة مـع الإسلاموية؟ الإسلاموية.. هـل هـي رد فعـل عـلى الغـزو الثقـافي الغربي؟، مؤمنـون بـلا حـدود، 25 يناير 2021، على الرابط: https://bit.ly/2cbm8bO

وائـل صالـح، لمـاذا تتعاطـف دوائـر عديـدة في الأكاديميـا الغربيـا مـع الإسلاموية؟ هـل نعيـش مرحلـة «مـا بعـد الإسـلاموية» أم «نهايـة الإسـلاموية»؟، مؤمنـون بـلا حـدود، 8 فبرايـر 2021، على الرابـط: https://bit.ly/MuqkYm

المراجع الأجنبية:

ABED-KOTOB, S. (1995). « The Accommodationists Speak Goals and Strategies of the Muslim Brotherhood of Egypt », *International Journal of Middle East Studies*, Vol. 127, n° 3, p. 321-339.

AL-NAFISY, 'Abd Allāh (1998). *La pensée activiste des courants islamistes* (al fikr al ḥaraky li al tayyarat al isalmyya), Koweït, Éditions Al-Rûbay'an, 78 p. As cited in SALEH Wael, et BRODEUR Patrice (2017). L'islam politique à l'ère du post-printemps arabe: Sommes-nous entrés dans l'ère du nécro-islamisme?

AL-NAFISY, 'Abd Allāh et autres (1989). *L'avenir des mouvements islamiques : une vision autocritique* (al-Naqd al-dhātī lil-ḥarakah al-Islāmīyah: ru'yah mustaqbalīyah), al-Qāhirah, Maktabat al-Shurūq al-Dawlīyah, 416 p. As cited in SALEH Wael, et BRODEUR Patrice (2017). L'islam politique à l'ère du post-printemps arabe: Sommes-nous entrés dans l'ère du nécro-islamisme?

ARKOUN, Mohammed (1990). Islam, pensée islamique, islamisme, L'orientalisme. Interrogations, peuples méditerranéens, n° 50, janvier-mars.

_______________________________________ (1992). L'islam: Approche critique. Paris, J. Grancher, 3e éd.

Mohammed ARKOUN, (1993). Penser l'islam aujourd'hui. Alger, Laphomic, ENAL.

_______________________________ (1996), « Transgresser, déplacer, dépasser », Arbica, l'oeuvre de CI. Cahen, Lecture critique, no 1, p. 65-66.

______________________________ (2002). L'islam, approches critiques, Coll. « Le Grand livre du mois », Paris, J. Grancher.

AUSTIN John Langshaw (1962). How to Do Things with Words, Cambridge, Mass.: Harvard University Press.

BAYAT Asef (2013). Post-Islamism: The Changing Faces of Political Islam, Oxford University Press, 351 p.

BROWN, Nathan J., Amr HAMZAWY and Marina OTTOWY (2006). *Islamist Movements and the Democratic Process in the Arab World: Exploring the Gray Zones*, Carnegie Papers, no 67, p. 1-19, [En ligne], 4 août 2004, http://carnegieendowment.org/files/cp_67_grayzones_final.pdf

BURGAT, F. (2002). L'Islamisme en face, Paris, La Découverte, p. 113.

CALVERT, John (2010). *Sayyid Qutb and the Origins of Radical Islamism*, New York, Columbia University Press, 377 p.

FELDMAN, Noah (2008). *The Fall and Rise of the Islamic State*, Princeton, Princeton University Press, 200 p.

FERRIÉ, Jean-Noël (2008). *L'Égypte entre démocratie et isla-misme. Le système Moubarak à l'heure de la succession*, France, Éditions Autrement, 124 p.

FULLER, Graham E (2004). *Islamists in the Arab World: The Dance around Democracy,* Carnegie Papers, [En ligne], no 49, p. 1-15,

GHALIOUN, Burhan (1991). *Critique du politique : État et religion* (Naqd al-siyāsah : al-dawlah wa-al-dīn), Bayrūt, al-Mu'assasah al-'Arabīyah lil-Dirāsāt wa-al-Nashr; 'Ammān, al-Tawzī' fī al-Urs dun Dār Fāris, 560 p.

Hamid DABASHI (2005). Theology of Discontent: Ideological Foundations of the Islamic Revolution in Iran, New York University Press .

KEPEL, Gilles (1984). *Le prophète et le pharaon. Les mouvements islamistes dans l'Égypte contemporaine*, Paris, La Découverte, 245 p.

KOEHLER, Kevin et Jana WARKOTSCH (2009). *Egypt and North Africa: Political Islam and Regional Instability*, Writenet,

LAMCHICHI, A. (1994). Islam, islamisme et modernité, Paris, France, Éditions L'Harmattan, 272 p.

LEMOIGNE, Jean-Louis (2002). « Légitimer les connaissances interdisciplinaires dans nos cultures, nos enseignements et nos pratiques », Ingénierie de l'interdisciplinarité. Un nouvel esprit scientifique, sous la direction de François Kourislsky, Paris, L'Harmattan.

LYNCH, Marc (2006). « The Brotherhood's Dilemma », *Recent Middle East Briefs*, No. 25, Crown Center for Middle East Studies, Slavery & Abolition, 27, No. 3, 12 p.

MILOT, Micheline (1998). Religion et intégrisme, ou les paradoxes du désenchantement du monde. Cahiers de recherche sociologique, (30), 153–178. https://doi.org/10.7202/1002659ar

Mohammed ARKOUN. Pour une critique de la raison islamique, Paris, Maisonneuve & Larose, 1984.

MUSALLAM, Adnan (2005). From Secularism to Jihad: Sayyid Qutb and the Foundations of Radical Islamism, London, Praeger, 280 p.

SALEH Wael, et BRODEUR Patrice (2017). L'islam politique à l'ère du post-printemps arabe: Sommes-nous entrés dans l'ère du nécro-islamisme? Éditions L'Harmattan.

TAMMAM, Houssam (2010). *Les mutations des Frères musulmans* (Taḥawwulāt al-Ikhwān al-Muslimūn : tafakkuk al-aydulūjiyā wa-nihāyat al-tanẓīm), al-Qāhirah, Maktabat Madbūlī, 2e édition, 168 p.

TAUSSIG, Sylvie (2018) De l'islam politique à la théologie musulmane de la libération, Gallimard | « Les Temps Modernes », 2018/4, n° 700 | pages 66 à 94.

WISTRICH, Robert S (2012). « Post-Mubarak Egypt: The Dark Side of Islamic Utopia », Israel Journal of Foreign Affairs, VI, 1.

YĂSÏN, al-Sayyid (1996a). *La mondialisation, le fondamentalisme et le post-modernisme. Les questions du XXIe siècle, Première partie : critique de la pensée traditionnelle* (al-Kawnīyah wa-al-uṣūlīyah wa-mā baʿda al-ḥadāthah, al goz' al awal, naqd al 'kl al taqlidy), Le Caire, Éditions Al-maktaba Al-akadimya, 387 p. As cited in SALEH Wael, et BRODEUR Patrice (2017). L'islam politique à l'ère du post-printemps arabe: Sommes-nous entrés dans l'ère du nécro-islamisme?

YĂSÏN, al-Sayyid (1996b). *La mondialisation, le fondamentalisme et le post-modernisme. Les questions du XXIe siècle. Deuxième partie : Crise du projet islamique* (al-Kawnīyah wa-al-uṣūlīyah wa-mā baʻda al-ḥadāthah : as'ilat al-qarn al-ḥādī wa-al-ʻishrīn), al-Duqqī, al-Qāhirah, al-Maktabah al-Ākādīmīyah, 343 p. As cited in SALEH

ṢALEH Wael, et BRODEUR Patrice (2017). L'islam politique à l'ère du post-printemps arabe: Sommes-nous entrés dans l'ère du nécro-islamisme?

ZAKARÏYĂ, Fu'ād (1991). Laïcité ou islamisme : les arabes à l'heure du choix, Traduction de l'arabe par Richard Jacquemond, Paris, La Découverte, 168 p.

<h1 style="text-align:center">نبذة عن المؤلف:</h1>

الدكتـور وائـل صالـح مـدرس مشـارك بمعهـد الدراسـات الدوليـة في جامعـة كيبيك بمونتريـال (UQAM) ومستشـار رئيـي للأبحـاث بمعهـد الدراسـات الدينيـة في جامعـة مونتريـال. حصـل عـلى الماجسـتير في العلـوم السياسـية التطبيقيـة عـام 2011 بتقديـر امتيـاز مـن جامعـة شـيربروك في كنـدا، ثـم الدكتـوراه في العلـوم الإنسـانية التطبيقيـة (تخصص دقيـق: علـوم سياسية ودراسـات إسـلامية) عـام 2016 بمرتبـة الـشرف الأولى، مـن جامعـة مونتريـال في كنـدا. والدكتـور وائـل صالـح هـو المديـر والمؤسـس المشـارك لمعهـد دراسـات مـا بعـد الربيـع العـربي (IEPPA) أيضـاً، منـذ مايـو 2017، وباحـث مشـارك بكـرسي راؤول دنديـرون للدراسـات الاستراتيجيـة والدبلوماسيـة في جامعـة كيبيك بمدينـة مونتريـال في كنـدا منـذ عـام 2013، كـما يتـولى منصب مديـر وحدة التحديات المعرفيـة والمنهجيـة في دراسـات التطـرف باسـم الإسـلام في إطار البرنامـج الجامعـي لدراسـة الإسـلام في أوروبـا، بمدينـة ليـون الفرنسـية منـذ عـام 2017 (Pluriel). مـن كتبـه المنشـورة: الإسـلام السـياسي في زمـن مـا بعـد الربيـع العـربي: هـل دخلنـا عـصر مـوت الإسـلاموية (2017)؛ مفهـوم الدولـة في الفكـر المـصري الحديـث والمعـاصر: مـا بـين التواصـل والتغـير والقطيعـة (2017)؛ في البحـث عـن حداثـة في الإسـلام: طـرق عربيـة معـاصرة (2018). والدكتـور وائـل صالـح هـو - حاليـاً - باحـث رئيـي ورئيـس وحـدة متابعـة الاتجاهـات المعرفيـة في العـالم في مركـز تريندز للبحـوث والاستشـارات.